# DISCOURS

*Prononcé par le Citoyen DELAFLEUTRIE,*
*Substitut du Commissaire du Gouvernement près le*
*Tribunal Criminel, à l'Audience du 15 frimaire,*
*dans l'affaire du DICTIONNAIRE DE L'ACADÉMIE*
*FRANÇOISE.*

Recueilli par le Citoyen BRETON, Sténographe.

PROCÈS
DU
DICTIONNAIRE
DE
L'ACADÉMIE.

TRIBUNAL
D'APPEL.

JUGES,
Cit. MARTINEAU,
*Président.*
Cit. RIGAULT,
*Rapporteur.*
Cit. SELVES.

UNE réunion d'Hommes-de-Lettres a composé, sous les auspices de l'ancien Gouvernement, un Dictionnaire de la Langue Françoise : elle a été dissoute à l'époque où la politique inquiète voyoit du danger dans toutes les réunions qu'elle n'avoit pas formées elle-même.

L'ouvrage de ce Corps littéraire lui a survécu, comme la pensée survit à l'esprit ;

Et le Dictionnaire de l'Académie Françoise est aujourd'hui la matière d'un procès solennel.

Les plus grands intérêts de tous les genres s'y réunissent pour se froisser et se combattre.

Un Art que l'industrie humaine a créé pour porter dans toutes les nations, et transmettre à tous les siècles les œuvres du génie, l'Art de l'Imprimerie, est en dispute avec lui-même.

L'Artiste qui a devancé ses concurrens, veut les exclure, et dénonce comme un délit toute entreprise ultérieure.

Le rival plus tardif répond, qu'il est toujours tems d'être l'organe et le propagateur du génie.

A

Les Arts et les Sciences viennent prendre part à cette grande querelle ; mais dans deux sens tout opposés.

Ils se rangent sur deux lignes ; l'une soutient l'exclusion, l'autre la concurrence ; et chaque parti attache au triomphe de sa cause l'intérêt général.

Le Gouvernement lui-même s'avance sur l'arène, pour présenter les réclamations de la Puissance publique ; et il est repoussé.

Il est repoussé par les deux partis ; l'un dit : « *Vous n'avez jamais eu de droits* » ; l'autre : « *Les droits que vous aviez, vous me les avez cédés* ».

Voilà, Citoyens Magistrats, l'esquisse de l'intéressant combat dont la loi vous constitue les Juges.

Toutes grandes que sont vos fonctions, je sais que vous n'êtes pas au-dessous d'elles.

Pourquoi faut-il que je n'aie pas votre avantage ?

Pourquoi, tout en concevant, je l'avoue, quelqu'orgueil de l'honorable mission qui m'est confiée, faut-il que je tremble devant ses difficultés ?...

Je ne connois qu'un moyen de marcher librement dans la carrière qui va s'ouvrir ; c'est de déposer, dès le premier pas, tout amour-propre, et de ne m'avancer qu'avec ma conscience.

La pureté des intentions fait pardonner la médiocrité du talent.

Voilà mon espoir ; il sera mon guide et mon soutien.

---

## OBJET ET QUESTIONS DU PROCÈS.

Les développemens qui ont été donnés dans les plaidoieries, me dispensent de tous détails. Je me borne à fixer les points principaux de l'affaire, et les questions qui en dérivent.

L'Académie Françoise a été supprimée, au mois d'août 1793 ; sous les scellés, s'est trouvé un exemplaire de son Dictionnaire (édition de 1762), chargé de notes interlinéaires et marginales, écrites de la main des Académiciens.

Ce manuscrit étoit destiné à composer la cinquième édition ; déjà deux feuilles avoient été envoyées, par l'Académie, à son Imprimeur.

Par décret du premier jour complémentaire de l'an 3, la Convention nationale a ordonné que ce manuscrit *seroit remis aux Libraires Smits, Maradan et Compagnie, pour être, par eux, rendu public, après son entier achèvement.*

Emploi d'Hommes-de-Lettres. Quinze mille exemplaires à tirer. Cent exemplaires à prélever, au nom de la République. Remboursement des frais de copie, qui pourroient avoir été faits par d'autres ; telles sont les charges et les conditions qui accompagnent la remise du manuscrit.

L'édition, autorisée par le décret, a été faite.

Bossange, Masson et Besson (1), par l'effet de plusieurs traités successifs, représentent aujourd'hui Smits et Maradan.

Moutardier et Leclere viennent d'imprimer, et d'exposer en vente, un ouvrage, intitulé *Dictionnaire de l'Académie Françoise.*

Action en contrefaçon, de la part de Bossange.

Jugement de première Instance qui la rejette.

Appel de la part du Commissaire du Gouvernement, ainsi que de Bossange.

Jugement, par défaut, contre Bossange et Moutardier, qui reconnoît la propriété du Gouvernement, déclare l'existence de la contrefaçon, et prononce, au profit du Gouvernement la confiscation des exemplaires saisis chez Moutardier et Leclere.

Opposition de la part de Bossange et de Moutardier.

Bossange soutient que c'est à lui, comme propriétaire de l'édition, qu'appartiennent les indemnités légales, résultantes de la contrefaçon.

Moutardier et Leclere soutiennent qu'il n'y a pas de contrefaçon de leur part, et qu'ainsi il ne doit être prononcé contre eux, ni peine, ni indemnité au profit de qui que ce soit.

Dans cet état, quatre questions à examiner.

______

(1) Dans la discussion je désignerai les trois Associés par le nom d'un seul (le Cit. Bossange,) afin d'éviter une répétition de nomenclatures qui ralentit la marche des idées.

1º. Le Gouvernement est-il propriétaire du Dictionnaire de l'Académie ?

2º. Y a-t-il contrefaçon de la part de Moutardier et Leclere ?

3º. L'indemnité prononcée par la loi, pour délit de contrefaçon, doit-elle être appliquée au Gouvernement, ou à Bossange ?

4º. Dans le cas où Bossange seroit mal fondé à la réclamer, l'état actuel de la procédure permettroit-il de la prononcer au profit du Gouvernement ?

Un incident de bris de scellés fait naître une question préliminaire.

Faut-il suspendre le Jugement du fond, ou peut-on y procéder tout de suite ?

Pour se décider, il n'y a qu'un mot. C'est que le Jugement du procès actuel ne nuira à aucune des Parties sur l'objet de bris de scellés ; ce n'est donc pas le cas de surseoir.

---

# PREMIÈRE QUESTION.

## *Le Gouvernement est-il propriétaire du Dictionnaire de l'Académie Françoise ?*

Une Nation a le droit de fixer dans un Dictionnaire les bases de sa langue.

Elle ne le peut pas par une loi. La loi règle les droits politiques, les droits civils : mais elle ne peut pas régler les principes de la Littérature.

Cette indépendance est le privilége des Lettres qui ont toujours eu leur empire à part, dans chaque Empire.

Un Gouvernement ne peut se passer d'Hommes-de-Lettres, pour un Code de Littérature.

De là, en France, l'institution de l'Académie. Sa mission essentielle, a été de faire un Dictionnaire de la Langue Françoise.

Si le génie travaille pour le Gouvernement, celui-ci, de son côté, doit récompenser ses travaux.

Le Gouvernement François n'a pas manqué à ce devoir.

L'édit de 1635 , accompagne de plusieurs immunités précieuses pour tous ses Membres , l'institution de l'Académie.

Le tems amena de nouveaux avantages ; en 1672 une bibliothè-que considérable fut donnée à l'Académie.

Des graces de tout genre encouragèrent ses travaux.

Nous voyons qu'en 1676, l'Académie remercie le Roi , des graces et des honneurs qui lui étoient conférés ; voici comme elle s'ex-plique dans un placet : « L'Académie Françoise *tient de vous* » *tout ce qu'elle est*, c'est de vous qu'elle a reçu toutes les graces » et les honneurs dont elle jouit ».

Depuis, le Gouvernement accorda une rétribution réglée et pé-cuniaire , que sa délicatesse déguisa sous la forme et sous le titre de jetons.

Enfin , il est notoire que la munificence du Gouvernement, répandoit ses largesses sur un grand nombre de Membres de l'A-cadémie Françoise.

Le Dictionnaire que l'Académie étoit appelée à faire, et qu'elle fit, étoit, comme je l'ai déjà dit, le Code de la Langue Françoise.

La nature d'un pareil ouvrage n'est pas de s'arrêter à tel ou tel point.

Le Dictionnaire d'une langue, en suit et en fixe toutes les modi-fications. Le langage d'un siècle , ne ressemble pas au langage d'un autre siècle. Toutes ces différences successives et illimitées , for-cent le Dictionnaire d'une Langue nationale de marcher lui-même avec les Lettres dont il est, pour ainsi dire , le guide et le compa-gnon. Un Ouvrage de ce genre n'est donc jamais arrivé à son terme.

Aussi le Dictionnaire de l'Académie a-t-il eu quatre éditions, depuis 1635, époque de sa fondation , jusqu'en 1793 , époque de sa suppression ; aussi a-t-on trouvé dans ses papiers, les résultats de l'observation et du goût, qui fixoient les nuances de la Langue Françoise depuis 1762 , jusqu'en 1793.

L'essence et la destination de ce Dictionnaire, démontrent bien qu'il appartenoit exclusivement au Gouvernement, comme repré-sentation morale de la Nation.

Que chacun touchât à ce Dictionnaire, que chacun y ajoutât, y retranchât ; il n'y auroit plus eu d'ensemble. On eût pu faire (j'y consens pour ménager l'irritabilité de l'amour-propre ou de l'envie), on eût pu faire un meilleur Dictionnaire de la Langue ; mais on ne pouvoit pas faire un autre Dictionnaire de l'Académie Françoise. Aussi pendant l'existence de l'Académie, personne ne s'est avisé d'imprimer un Dictionnaire du même titre, qui contînt des changemens, des additions ou des retranchemens.

Le Gouvernement avoit encore sur ce Dictionnaire le droit de propriété, qui appartient à tout être qui fait faire une chose et qui la paie.

L'Académie travailloit pour le Gouvernement, et le Gouvernement lui accordoit des immunités précieuses, des graces, des présens, des rétributions pécuniaires.

Pourquoi ne pas dire le mot ? le Gouvernement payoit l'Académie.

Pourquoi le domaine de l'esprit, qui est le plus honorable et le plus sacré, ne seroit-il pas payé, comme les autres propriétés ?

Voudroit-on écarter cette idée de propriété de la part du Gouvernement sur le Dictionnaire de l'Académie Françoise, en disant qu'il donnoit à l'Académie, comme Auteur, des priviléges pour son Dictionnaire.

Je réponds que cet abandon, d'un profit pécuniaire, étoit une générosité ; que c'étoit un nouveau tribut offert à l'Académie ; que c'étoit un prix de plus payé à son travail.

Ainsi le Gouvernement étoit propriétaire du Dictionnaire de l'Académie Françoise, à deux titres :

Le premier, sous le rapport politique, parce que ce Dictionnaire étoit, dans sa destination, le régulateur de la Langue nationale.

Le second, parce que le Gouvernement est, comme tous les autres individus, propriétaire de ce qu'il a payé,

## OBJECTIONS.

Un Dictionnaire est, par sa nature, une chose publique et commune, comme l'air, la mer, un chemin public.

## RÉPONSE.

Je crois qu'il seroit difficile d'établir une grande similitude entre ces choses.

Tout le monde respire l'air, pratique les grands chemins,

Mais tout le monde ne lit pas un Dictionnaire ; et sur-tout un Dictionnaire de l'Académie Françoise, qui ne s'ouvre guère que par les hommes délicats dans leur langage.

## DEUXIÈME OBJECTION.

Le Dictionnaire de l'Académie Françoise est un Ouvrage littéraire.

Il est donc soumis aux lois sur les propriétés littéraires.

Or, dans ses derniers momens, l'Académie a été régie par la loi du 19 juillet 1793.

Et d'après cette loi, son Dictionnaire est devenu par sa dissolution, propriété commune.

## RÉPONSE.

C'est ici le cas d'examiner l'objet général de la loi, et ses dispositions de détails.

Sur le caractère de cette loi, il se présente une observation essentielle.

Cette loi est faite dans les rapports des Auteurs individuellement, vis-à-vis de la masse du public.

Elle a pour objet de combiner le droit des Auteurs et l'intérêt du public. D'un côté, elle veut que l'homme de génie soit encouragé par la certitude d'en recueillir le fruit, pendant toute sa vie; qu'il voie même le droit de sa propriété lui survivre, pendant dix ans, dans la personne de ses héritiers ou de ses cessionnaires : d'un autre côté, elle veut, qu'après le double terme de la vie d'un Auteur, et des dix années qui suivent sa mort, le public puisse se répandre dans ses propriétés littéraires, comme dans le domaine de l'univers.

Voilà l'esprit général de cette loi.

Mais, pour le Dictionnaire de l'Académie, il ne s'agit pas de mettre en opposition le droit d'un Auteur avec le droit du public.

Le Dictionnaire de l'Académie, dès sa naissance, avant même d'être publié, avant d'être achevé par les Auteurs, ne leur appartenoit plus ; il appartenoit au Gouvernement, qui avoit réuni ces

Auteurs pour composer un Dictionnaire, et qui le leur avoit payé ; pour répandre ses faveurs sur l'Académie , le Gouvernement n'avoit pas attendu la première édition du Dictionnaire.

On conçoit que la Loi a dû vouloir qu'un Auteur ne gardât pas perpétuellement et exclusivement dans sa famille la propriété d'un ouvrage. L'intérêt de quelques individus étoit en opposition avec l'intérêt de la masse.

Mais pour la propriété du Dictionnaire de l'Académie Françoise , il s'agit de l'intérêt de la masse elle-même ; car le Gouvernement est la représentation morale de la Nation.

On peut donc dire avec raison, que la Loi de 1793 , d'après son propre esprit, est sans application au Dictionnaire de l'Académie. L'esprit de la loi a été de favoriser la Nation contre quelques individus.

Et ici on voudroit dénaturer l'esprit de la loi, en la faisant servir à l'intérêt de quelques individus , contre la Nation, qui est, comme je l'ai dit , représentée par le Gouvernement.

Comment penser que la Nation , qui, dans cette loi , n'a eu pour objet que de régler le droit des Auteurs en opposition avec le Public, ait voulu en même-tems se dépouiller d'une propriété d'un ordre majeur. D'une propriété importante par sa destination , par son influence sur les Lettres qui ont elles-mêmes tant d'influence sur le bonheur et sur la gloire des Nations ?

On a dit que pour conserver à la Nation la propriété du Dictionnaire , il auroit fallu une loi particulière.

Non , il n'en falloit pas , parce que la Loi de 1793 , ne concerne que les Auteurs individuellement ;

Parce que la propriété du Gouvernement étoit maintenue par les lois générales qui maintiennent les propriétés ;

Parce que le Dictionnaire dont il s'agit , la Nation l'avoit payé aux Auteurs, avant même qu'il fût fait ;

Parce que l'Académie , comme Corps littéraire , étoit chargée par le Gouvernement de composer ce Dictionnaire , qu'elle étoit en cela le mandataire du Gouvernement ; et que ce qu'elle faisoit dans le sens de ce mandat , c'étoit en quelque sorte le Gouvernement lui-même qui le faisoit.

Au

Au surplus, oublions un instant le caractère particulier et essentiel qui distingue la propriété du Gouvernement, et consentons à le regarder comme un simple individu, comme un individu cessionnaire des droits d'un Auteur.

Nous allons démontrer que, sous ce rapport, sa propriété est encore indubitable.

Que dit la loi du 19 juillet 1793, art. 1 et 2 ? — Que l'Auteur aura le droit de disposer de son Ouvrage, pendant sa vie ; que le cessionnaire aura le droit d'en disposer pendant l'espace de dix ans, après la mort de l'Auteur.

Certainement, si on ne veut pas reconnoître dans le Gouvernement un droit particulier pour la propriété du Dictionnaire de l'Académie, on ne peut pas lui refuser le droit général qu'auroit tout individu comme cessionnaire des droits d'Auteur.

Eh bien ! en appliquant presque mécaniquement la loi de 1793, il faut reconnoître que dans ce moment-ci le Gouvernement est propriétaire du Dictionnaire de l'Académie.

Et ne perdez pas de vue que, dans une Cause où il s'agit d'opposer le droit de propriété au délit de contrefaçon, il suffit que la propriété existe au moment de la contrefaçon.

Peut-on disputer au Gouvernement la qualité de cessionnaire des droits d'Auteur ?

On est cessionnaire des droits d'Auteur, quand on a traité de son ouvrage avec lui.

Le Gouvernement avoit payé à l'Académie son Dictionnaire ; car si elle lui fournissoit le fruit de ses travaux et de ses méditations, le Gouvernement lui avoit accordé faveurs, présens, et rétributions pécuniaires.

A côté du travail, il y avoit son indemnité.

Qu'un Auteur ait traité de son ouvrage pour le faire, ou qu'il en traite après l'avoir fait, l'essence du traité est la même ; l'effet du traité est le même. C'est l'acquéreur qui est propriétaire de l'Ouvrage ; c'est lui qui est cessionnaire du droit d'Auteur.

Ce principe a-t-il besoin d'exemple ?

Un amateur confie au pinceau d'un artiste la composition d'un tableau ; ils conviennent ensemble du tribut accordé au talent.

A qui le tableau ? à qui le droit d'en disposer ? à qui le droit de le faire graver ? c'est évidemment à l'amateur qui l'a payé.

Eh bien ! l'Académie Françoise avoit traité de son travail avec le Gouvernement : il est donc propriétaire de ce travail.

Il a donc les droits d'un cessionnaire d'Auteur.

En quoi consiste ce droit ? A disposer de la propriété de l'ouvrage, pendant la vie de l'Auteur, et pendant l'espace de dix ans après sa mort. Ce sont les dispositions littérales de la loi.

Maintenant calculons.

L'Académie , comme agrégation littéraire , est morte politiquement en août 1793. Les dix ans à compter de sa mort politique ne sont pas encore expirés ; ils n'expirent qu'en l'année 1803 , au mois d'août.

Mais est-ce ainsi qu'il faut calculer d'après la loi de 1793 ?

Est-ce de la mort politique des Auteurs qu'elle a parlé ?

Non ; c'est de leur mort naturelle.

Remarquez bien , Magistrats , qu'on oppose au Gouvernement la loi de 1793 ; que c'est dans cette loi qu'on veut le retrancher.

Il a au moins le droit de prendre le cercle dans son étendue.

Quels sont les Auteurs du Dictionnaire ? Ce sont les individus qui étoient admis dans le sein de l'Académie.

Ce sont , sur-tout par rapport au dernier état du Dictionnaire, à ce manuscrit qui étoit destiné à former une cinquième édition ; ce sont , dis-je , les Académiciens qui existoient quand le décret du mois d'août les a séparés.

La loi les a empêchés de se réunir comme Corps littéraire ; mais elle n'a pas fait , heureusement , qu'ils n'existassent point comme Auteurs.

Il est bien certain que la loi du 19 juillet 1793 , transmet au cessionnaire les droits d'Auteur pendant la durée de dix ans après sa mort.

Elle assure cette durée de jouissance aux auteurs dans la personne de leurs cessionnaires.

Pourquoi les Auteurs , en se réunissant , perdroient-ils collectivement le droit qu'ils avoient séparément ?

Pourquoi, par une diminution de droit, ôteroit-on aux Auteurs le désir de former ces réunions littéraires , qui deviennent des foyers de lumières ?

Pourquoi le Gouvernement, sur-tout, qui est cessionnaire d'Auteurs, qui a commandé leurs travaux, qui les a payés, ne jouiroit-il pas du droit des Auteurs pendant leur vie, et dix ans après leur mort ?

Je suppose qu'un père riche, et tendrement attaché à ses enfans, ait reuni, pour élever une nombreuse famille, plusieurs Instituteurs. Qu'il les ait chargés de faire un Code élémentaire d'instruction; qu'il ait payé ces Instituteurs ; et que, par conséquent, il soit cessionnaire de leurs droits d'Auteurs.

Ce petit Code est fait ; une crise de fortune ou d'administration domestique force le père d'éloigner de sa maison les Instituteurs qu'il y avoit réunis.

Malgré cette division des Instituteurs, le père de famille ne reste-t-il pas propriétaire du Code d'instruction qu'ils avoient composé ?

N'est-il pas toujours cessionnaire de leurs droits d'Auteurs ?

Combien de tems en jouira-t-il ? Il en jouira aux termes des articles 1 et 2 de la loi du 19 juillet 1793 ;

Il en jouira pendant toute la vie de ces Instituteurs, et dix ans après leur mort.

La jouissance de ce père de famille n'expirera pas au terme de dix ans après la séparation des Instituteurs ; car la loi de 1793 ne parle pas de la séparation des Auteurs ; elle parle de leur mort.

Pour travailler ensemble, les droits des Auteurs ne diminuent pas ; pour les employer ensemble, le droit du cessionnaire ne diminue pas non plus.

Eh bien ! ce père de famille, ne le retrouvez-vous pas dans le Gouvernement ?

Ses enfans, c'est toute la nation.

Les Instituteurs chargés d'un Code d'instruction, ce sont les Académiciens chargés du Dictionnaire de la Langue Françoise.

La crise d'administration qui les sépare, c'est la loi du mois d'août 1793.

Séparés, les Académiciens n'en sont-ils pas moins Auteurs du Dictionnaire qu'ils ont fait ?

Comme cessionnaire de leurs droits, le Gouvernement ne doit-il pas jouir du bénéfice de la loi de 1793 ?

Sa jouissance ne doit-elle pas moins remplir la durée de leur vie, et l'espace de dix ans après leur mort ?

Maintenant, jetons les regards autour de nous.

Les Académiciens, les Auteurs du Dictionnaire, n'existent-ils pas ?

Pour l'honneur et l'espérance des Lettres, n'avons - nous pas le bonheur de les compter dans le sein de la société ?

Ce procès n'en a-t-il pas amené plusieurs dans le sanctuaire de la Justice ?

Ne savons-nous pas que d'autres sont chargés par le Gouvernement de Missions diplomatiques ?

Ne savons-nous pas qu'il en est que leurs habitudes ou leurs fonctions, ont fixés dans des pays étrangers ?

Mais pourquoi faut-il que, dans une discussion judiciaire, dans un calcul purement arithmétique, ma pensée se trouve à l'instant troublée par un souvenir douloureux ?

Pourquoi, en comptant les Académiciens qui existent encore, ne puis-je pas citer un homme qui a siégé dans les trois grandes Académies du Gouvernement François ?

Pourquoi son dévouement à la cause publique l'a-t-il arraché à ses paisibles études, et à ses profondes méditations ?

Pourquoi ce dévouement lui a-t-il été si fatal ?

Pourquoi faut-il que bientôt expire le nombre des dix années après sa mort ?

Mais non, tu n'es pas mort, immortel Bailly !

Tu vis dans tous les cœurs par tes vertus !

Dans tous les esprits, par ton génie.

Pardonnez, Magistrats, pardonnez cette digression du sentiment ; mais dans une Cause où vous avez vu les lauriers académiques, tantôt fanés par la critique, tantôt ravivés par la louange, j'ai pensé, ou plutôt j'ai senti que c'étoit à l'ame à honorer un des Membres les plus illustres de l'Académie, en déposant sur sa tombe un tribut de sensibililité qui fut consacré par tous les cœurs vertueux !

Je reprends la discussion au point où je l'avois interrompue.

Je résume, tout ce que j'ai dit pour établir la propriété du Gouvernement sur le Dictionnaire de l'Académie Françoise.

C'est à lui, parce que c'est au Gouvernement qu'appartient le droit de fixer dans un Dictionnaire régulateur les principes et les élémens de la Langue nationale.

C'est à lui; parce, que faute de pouvoir faire personnellement et par son autorité publique ce Code littéraire, il a eu recours à des Hommes-de-Lettres qui ont été ses mandataires; parce qu'en ce sens, ce qu'ils ont fait, c'est le Gouvernement qui l'a fait; et qu'un Gouvernement est bien propriétaire de ce qu'il a fait faire et payé.

C'est à lui; parce qu'en supposant, contre ma pensée et ma démonstration, que l'origine, la destination et la composition de ce Dictionnaire ne constituent pas essentiellement la propriété du Gouvernement, il en seroit au moins propriétaire d'après le droit commun de la loi de 1793, comme un particulier qui seroit cessionnaire des droits d'Auteurs; que dans ce moment un grand nombre des Auteurs de ce Dictionnaire existent; et qu'ainsi, le terme de la propriété du Gouvernement ne seroit pas expiré.

J'ajoute à ce résultat de ma discussion, une remarque frappante sur la singularité des conséquences qui dériveroient du système que je combats.

Pour établir sa propriété, le Gouvernement veut-il se prévaloir de ce que le Dictionnaire de l'Académie a été fait par des Hommes-de-Lettres qu'il a choisis et préposés pour cet Ouvrage?

Veut-il se prévaloir de ce que cet ouvrage est essentiellement national, comme Code de la Langue?

On lui répond qu'il n'a point de privilége, et qu'il est soumis à l'empire de la loi générale de juillet 1793, et que cette loi a fixé le mode et la durée des propriétés littéraires, de manière à ne pas admettre l'idée d'une propriété perpétuelle, même dans la main du Gouvernement,

Le Gouvernement veut-il bien se retrancher modestement comme un simple individu dans le cercle étroit de la loi de 1793? On lui répond que cette loi est faite pour les individus, et qu'elle ne peut pas profiter au Gouvernement.

Ainsi, comme Puissance publique, le Gouvernement n'auroit pas de privilége; et comme individu, il ne pourroit pas jouir du droit commun.

Voilà cependant les conséquences du système qu'on m'oppose. Les présenter, c'est détruire le système lui-même.

Maintenant qu'il est bien établi que le Gouvernement est, ou propriétaire perpétuel, ou au moins cessionnaire momentané des droits des Auteurs qui ont fait le Dictionnaire de l'Académie Françoise. J'examine si les Cit. Moutardier et Leclere ont commis le délit de contrefaçon, en imprimant, sans la permission du Gouvernement, un livre qu'ils ont intitulé *Dictionnaire de l'Académie Françoise*, nouvelle édition.

# DEUXIÈME QUESTION.

## *Y a-t-il contrefaçon de la part des Cit. Moutardier et Leclere?*

CETTE question se décide en principe, par un seul mot, et elle ne se complique que par le nombre des objections.

Voici le principe. — C'est qu'il y a contrefaçon toutes les fois qu'une édition est imprimée, sans la permission de celui qui a le droit exclusif de disposer d'un ouvrage.

Ce principe est écrit littéralement dans la loi du 19 juillet 1793.

Eh bien! les Cit. Moutardier et Leclere, qui ont imprimé le Dictionnaire de l'Académie Françoise, ont-ils la permission des Auteurs, ou du cessionnaire des Auteurs?

Non. — Il y a donc contrefaçon.

Comment ce Dictionnaire est-il composé?

Il est composé de ce qui se trouve dans la quatrième édition du Dictionnaire de l'Académie, et de tout ce qui est dans le manuscrit de l'Académie, c'est-à-dire, de ce travail qui remplit l'intervalle de 1762 à 1793.

Tout cela n'est-il pas le travail des Hommes-de-lettres qui ont fait le Dictionnaire de l'Académie, de ce travail qui appartient au Gouvernement, au moins comme cessionnaire du droit d'Auteurs?

Le caractère de la contrefaçon s'efface-t-il par les additions qu'on a faites dans le Dictionnaire imprimé par Moutardier et Leclere?

Non; car ces additions n'empêchent pas qu'on n'ait copié littéralement, mécaniquement et de suite, l'ouvrage qu'on ne pouvoit pas imprimer sans permission.

Ces additions n'empêchent pas qu'on n'ait donné au Dictionnaire imprimé par Moutardier et Leclere, le titre de *Dictionnaire de l'Académie Françoise.*

Ce titre n'est pas indifférent.

Y a-t-il eu deux Académies Françoises?

Non! Eh bien, dès que ce titre est imprimé à l'édition de Moutardier et Leclere, il est clair qu'ils ont donné à leur édition un titre qu'elle ne devoit point avoir; car l'ouvrage unique dans le monde, qui peut porter le nom de Dictionnaire de l'Académie Françoise, Moutardier et Leclere n'avoient aucune permission pour l'imprimer.

Ils ont donc, par le titre même de leur édition, commis le délit de contrefaçon.

Pour un ouvrage de ce genre, le titre n'est-il rien?

On sait que le Gouvernement a fait faire un Dictionnaire de l'Académie Françoise.

On juge qu'il vaut bien, sous le rapport littéraire, autant qu'un autre Dictionnaire. On juge qu'il vaut encore mieux sous le rapport politique, puisque la Langue françoise est devenue l'idiome de toutes les Puissances dans leurs traités.

Les François et les étrangers savent et jugent tout cela.

Ils veulent avoir ce Dictionnaire fait sous les auspices du Gouvernement.

Ils voient un ouvrage, intitulé *Dictionnaire de l'Académie Françoise;*

Ils l'achètent. Et ce n'est pas l'ouvrage fait sous les auspices du Gouvernement qu'ils ont acheté.

Ce n'est pas lui, dans son caractère absolu, puisqu'il contient autre chose que l'ouvrage fait sous les auspices du Gouvernement.

Cette usurpation de titre est donc un piége pour l'acquéreur.

Il est un tort évident pour l'homme à qui appartient le droit exclusif de vendre, ou de faire vendre le Dictionnaire véritable de l'Académie.

Ainsi, politiquement et légalement, l'usurpation du titre constitue le délit de contrefaçon.

N'avons-nous pas, dans une foule d'exemples journaliers, la preuve que le titre d'un ouvrage est souvent son caractère constitutif, et qu'on ne peut l'appliquer à une chose, d'ailleurs identique, sans commettre le délit de contrefaçon?

Prenons pour exemple les lois ; rien n'est plus utile, rien n'est plus destiné à être connu : car c'est un axiome en droit, que l'ignorance de la loi ne peut pas servir, *ignorantia juris non prodest.*

Rien ne doit être plus permis, plus autorisé, plus encouragé que l'impression des lois.

Aussi on les imprime comme on veut.

Mais imprime-t-on, comme on veut, le *Bulletin des Lois?*

Le premier venu peut-il l'imprimer? Non.

On ne le peut pas.

Est-ce à raison de ce qu'il contient? Non. Il contient les lois, et les imprime qui veut.

C'est à cause du titre.

C'est à cause de ce mot : *Bulletin des Lois.*

Ce titre est le cachet de la garantie nationale, pour l'exactitude et l'authenticité des Lois et Arrêtés qui sont dans ce Bulletin.

Dans un Tribunal, dans une Administration, a-t-on besoin de consulter une loi?

S'agit-il d'inscrire comme Juge ou comme Administrateur dans un jugement ou dans un arrêté, un article de loi.

Sur quoi le copie-t-on? Sur le premier recueil, sur le premier exemplaire? Il y en a de très-exacts; ceux de Baudoin et de Rondonneau

Non, on le copie sur le Bulletin.

Un Imprimeur autre que celui qui a la permission du Gouvernement, pourra-t-il imprimer un Recueil de Lois?

Oui.

Pourra-t-il l'intituler *Bulletin des Lois?*

Non.

L

Le titre est donc quelque chose ; disons le mot ; il est quelquefois tout pour certains ouvrages.

Nous nous sommes élevés au-dessus du Dictionnaire de l'Académie Françoise, en prenant pour exemple le Bulletin des Lois.

Abaissons-nous un instant en prenant pour exemple l'*Almanach National*.

Ce n'est pas un chef-d'œuvre du génie ; une grande exactitude dans des nomenclatures, d'Autorités et d'individus, fait tout le mérite de ce livre, si je puis appeler ainsi un *Almanach National*.

Eh bien ! tout le monde peut faire des Almanachs ; des noms et des noms, des adresses et des adresses, tout Almanach ne peut contenir que cela.

Eh bien ! il n'y a et ne peut avoir qu'un Almanach National.

Qu'on ouvre la première feuille, et qu'on lise la lettre du Secrétaire d'État.

C'est à son Auteur, et à son Auteur seul, que les Ministres, par l'autorisation des Consuls, sont chargés de faire fournir les renseignemens propres à composer cet Almanach.

Eh bien ! que quelqu'un autre que l'homme, autorisé par le Gouvernement, donne à son indication d'adresses et de noms le titre d'*Almanach National*, il tombera dans le délit de contrefaçon.

Il y tombera, parce que ce livre est le cachet de la propriété d'un individu, à qui le Gouvernement consent de fournir les élémens de son Almanach.

Raisonnons donc par analogie et avec les principes.

Le titre d'un ouvrage est le sceau de la propriété de son Auteur ou de ses cessionnaires.

Le sceau du Dictionnaire, fait par ces Hommes-de-Lettres qui s'assembloient au Louvre, c'est le titre *Dictionnaire de l'Académie Françoise*.

Qu'on le décrie tant qu'on voudra, sous les rapports littéraires, ce n'est pas là ce qui m'occupe ;

D'ailleurs, s'il est outragé d'un côté, il sera vengé de l'autre.

Ce qui m'occupe au nom de la loi, c'est qu'il n'y a dans la

France , dans l'univers , qu'un ouvrage qui puisse porter essentiellement le titre de *Dictionnaire de l'Académie Françoise*.

Et que si quelqu'un , sans la permission des Auteurs de ce Dictionnaire , ou de ceux qui les représentent , imprime sur un livre quelconque le titre de *Dictionnaire de l'Académie Françoise*, il commet le délit de contrefaçon ; car le titre d'un ouvrage appartient à l'Auteur de l'ouvrage , sur-tout quand c'est son propre nom que l'Auteur lui a donné ; comme l'Académie Françoise a fait pour son Dictionnaire.

Je crois donc avoir démontré qu'il y a dans l'édition de Moutardier et Leclere , délit de contrefaçon ;

Soit parce que sans permission de ses Auteurs , et de leurs Représentans , ils ont copié ce que contenoit la cinquième édition du Dictionnaire de l'Académie , et le manuscrit des Académiciens ;

Soit parce qu'en insérant des additions étrangères au travail des Académiciens, ils ont donné à un ouvrage , différent sous quelques rapports , le titre de *Dictionnaire de l'Académie Françoise* , et qu'ils ont ainsi tout à la fois trompé le Public, et porté atteinte aux droits du Gouvernement , soit comme propriétaire direct , soit comme cessionnaire de l'Académie.

Ai-je besoin de vous faire remarquer que l'offrande faite au Tribunat , et l'accueil de cette Autorité , ne peuvent effacer le caractère de contrefaçon , s'il existe ?

Le Tribunat n'a vu qu'un Ouvrage littéraire , dont le titre même commandoit des égards. Et il n'a eu ni à examiner , ni à décider si Moutardier et Leclere avoient eu le droit de l'imprimer.

Je suis arrivé à la troisième Question ; qui consiste à savoir si Bossange , Masson et Besson , ont le droit de réclamer l'indemnité qui résulte de la contrefaçon , ou si elle doit être appliquée au Gouvernement lui-même.

---

# TROISIÈME QUESTION.

*Est-ce à Bossange, Masson et Besson ; est-ce au Gouvernement que doit être appliquée l'indemnité légale résultante du délit de contrefaçon commis par Moutardier et Leclere.*

En abordant cette question, j'éprouve un embarras qui provient du Jugement par défaut que vous avez rendu, et qui fixe le dernier état du procès.

Vous avez prononcé l'existence du délit, et vous avez appliqué, au profit du Gouvernement la confiscation.

Bossange attaque ce Jugement.

Dans cette position, que puis-je, que dois-je faire ?

L'intérêt du Gouvernement m'impose-t-il l'obligation absolue de soutenir votre Jugement ?

Imprime-t-il à ma pensée une direction, dont elle ne puisse s'écarter ?

Je ne le pense pas.

Si je dois veiller aux intérêts du Gouvernement, je dois me ressouvenir que sa grandeur et sa loyauté lui prescrivent de sacrifier ce qui est utile, à ce qui est juste.

C'est donc avec cette liberté d'opinion, qui appartient à l'inaltérable justice, que je vais m'expliquer.

Quel est le titre sur lequel se fonde Bossange ?
C'est le Décret du premier jour complémentaire an 3.

Je vous observe, Cit. Magistrats, que pour simplifier la discusion, je confondrai d'abord Bossange avec Smits ; et qu'ensuite j'examinerai si véritablement Bossange a tous les droits de Smits. Je reviens au décret.

Il faut le dire ; ce décret ne transfère pas expressément le privilége exclusif.

Il ne transfère pas la propriété du manuscrit.

Il n'ordonne que la *remise :* ce sont les termes du décret.

Cette remise n'est que momentanée. Le Ministre de l'Intérieur a reclamé le manuscrit.

Il l'a réclamé pour le rétablir dans la Bibliothèque nationale.

Il l'a réclamé comme propriété publique ; et c'est dans l'attribution de son Ministère que tombe l'exécution du décret.

Cette réclamation indique bien que jamais la propriété du manuscrit n'a été transférée à Bossange.

Bossange a lui-même varié dans la qualification de son droit.

Et cela vient, de ce que son droit n'est pas exprimé nominativement dans le décret.

Dans cette situation, que faire ? Chercher, comme la raison et le droit le veulent, chercher le sens du décret dans le rapprochement et la combinaison de ses dispositions.

Il faut sur-tout ne point oublier que ce décret est un traité entre une nation et un individu ;

Et qu'une nation est essentiellement juste.

Clauses essentielles à remarquer : — Gens-de-lettres à employer pour l'achèvement : — 15 mille exemplaires à tirer : — Dépôt de cent exemplaires dans les bibliothèques publiques : — Remboursement de frais de copie : — Voilà des charges.

Donne-t-on des fonds pour faire cette impression ?

Non. — Il faut que Bossange fasse des avances considérables.

Quel est le principe de droit, et d'équité ?

C'est que dans tout traité, celui qui a les charges, doit avoir des profits.

Où seront ces profits ?

Sera-ce, comme on l'a dit, dans le débit qui sera fait ?

Mais si tout le monde peut imprimer, le débit n'est ni sûr, ni facile ; et ce qui est sûr, ce qui est difficile, c'est l'avance des fonds de 15 mille exemplaires.

Une autre clause, qui mérite d'être pesée. C'est celle qui impose la condition de rembourser *les frais de copie.*

Si la Convention eût entendu laisser à ceux qui avoient copié le manuscrit, la faculté de l'imprimer, il n'auroit pas été nécessaire de stipuler la charge de rembourser les frais de copie ; il est donc évident que le rapprochement des clauses du décret, indique l'intention de donner à Bossange la faculté d'imprimer le manuscrit, sans la laisser à d'autres.

Quel sera l'effet de cette faculté ? c'est ce qu'il s'agit d'examiner.

Bossange est-il propriétaire exclusif du droit d'imprimer le Dictionnaire de l'Académie Françoise ?

Il faut distinguer le rapport de Bossange avec la nation, et le rapport de Bossange avec d'autres individus.

La nation est propriétaire ; elle a cédé, par le décret dont il s'agit, à Bossange, la faculté d'imprimer le manuscrit.

Mais elle n'a pas contracté, vis-à-vis de lui, l'engagement de ne pas la céder à d'autres.

Elle a donc le droit de la céder à qui elle voudra, et quand elle voudra.

Ce droit du Gouvernement est bien clairement manifesté dans la lettre du Ministre de l'Intérieur, par ces mots : *Nul autre n'a pu, et sans l'autorisation du Gouvernement, etc.*

Mais, vis-à-vis d'autres individus, quelle est la position de Bossange ?

Il a obtenu seul la faculté d'imprimer.

Il a donc par le fait et dans le moment actuel la faculté exclusive d'imprimer le manuscrit, puisque le Gouvernement la lui a accordée, et ne l'a accordée qu'à lui.

Maintenant, à qui l'indemnité résultante de la contrefaçon doit-elle être appliquée :

Est-ce au Gouvernement ?

Est-ce à Bossange ?

C'est à celui qui est lézé.

Qu'est-ce qui est lézé ?

Est-ce le Gouvernement, qui, sans faire aucunes dépenses, a reçu pour être déposés dans des bibliothèques publiques cent exemplaires ?

Ou Bossange qui, en obtenant la permission d'imprimer, s'est jeté dans des dépenses considérables pour satisfaire à la charge des quinze mille exemplaires

Je suppose un instant que la discussion s'agitât entre deux individus, l'un, Auteur propriétaire de son manuscrit, l'autre, Imprimeur porteur d'une permission de l'imprimer.

De quel œil la Justice contempleroit-elle le propriétaire qui voudroit s'appliquer l'indemnité de la contrefaçon au détriment de l'Imprimeur, qui auroit fait tous les frais de l'édition ?

Eh bien ! le Gouvernement, par le grand principe de loyauté qui l'anime, déclare qu'il n'a aucun droit à l'indemnité de la contrefaçon.

Il déclare que ce n'est pas lui qui est lézé par ce délit ;

Que c'est l'homme auquel il a accordé la permission d'imprimer, et qui a fait d'énormes dépenses.

Et vous accorderiez au Gouvernement une indemnité dont il ne veut pas ;

Et vous la refuseriez à celui qui la réclame sous les auspices du Gouvernement !

Oui, sous les auspices du Gouvernement !

Qu'est-ce que la lettre du Ministre de l'Intérieur, si elle n'est pas une déclaration solennelle que le Gouvernement ne veut pas de l'indemnité pour lui ?

Remarquez, Citoyens Magistrats, dans quel sens et à quelle occasion je vous parle de la lettre du Ministre de l'Intérieur.

Je ne la présente pas comme une raison décisive pour vous de déclarer l'existence de la contrefaçon ; c'est une question qui appartient aux Tribunaux, et le Ministre lui-même, au nom de la loi, respecte votre autorité et votre indépendance.

Mais la lettre suppose, comme vous l'avez vous-mêmes décidé, l'existence de la contrefaçon ; et c'est dans cette-hypothèse que la lettre parle des droits de Bossange.

Et ces droits sont la répression et l'indemnité du délit.

Je conclus donc, et des principes d'équité qui doivent régler l'exécution de tous les traités, et de la déclaration solennelle du Gouvernement, par l'organe du Ministre de l'Intérieur, que c'est à Bossange qu'appartient l'indemnité de la contrefaçon.

Je dois maintenant évaluer la force des objections qui ont été présentées par Moutardier et Leclere.

Bossange, a-t-on dit, n'a point rempli les conditions du décret;

Il n'a point. . . . .

Une réflexion de principe m'arrête et m'empêche de poursuivre. . . . .

Entre qui le décret constitue-t-il un traité ?

Entre le Gouvernement et Bossange.

Qu'est-ce qui a le droit d'examiner si Bossange a rempli les conditions ?

C'est le Gouvernement.

Quel est son organe constitutionnel ?

C'est le Ministre de l'Intérieur.

Qu'est-ce que dit le Ministre de l'Intérieur ?

*Vous avez rempli, envers le Gouvernement, les conditions auxquelles vous étiez autorisés à publier un Dictionnaire qui est sa propriété. Aucun autre n'a dû, sans une autorisation émanée du même Pouvoir, en entreprendre une nouvelle édition, quand même cette édition offriroit des additions ou des changemens.*

Le Ministre de l'Intérieur dit cela dans une lettre officielle;

Dans une lettre qui correspond à une pétition, qui lui a été renvoyée par les Consuls.

Voilà l'approbation du Gouvernement.

Elle couvre la conduite de Bossange d'un voile, que je ne peux pas, que je ne dois pas soulever.

La volonté du Gouvernement légalement transmise, ne me permet d'examiner aucuns détails.

Soit justice rigoureuse, soit indulgence à raison des évènemens politiques, qui ont entouré l'exécution du traité ; soit générosité pour un homme dont la ruine inspire de l'intérêt, malgré ses négligences ou ses fautes, le Gouvernement a dit que Bossange avoit rempli toutes les conditions du traité : c'est le Gouvernement seul qui a le droit d'examiner et de décider ce point de fait ; il a prononcé, il n'existe plus de question.

Qui pourroit maintenant vous arrêter ?

Seroit-ce la crainte de fixer, comme on l'a dit, dans la main de Bossange, le domaine exclusif et perpétuel de la Langue françoise ?

Mais ce n'est pas là, Citoyens Magistrats, la conséquence du Jugement qui vous est demandé. Il s'agit du droit actuel de Bossange.

Il a seul, actuellement, la faculté d'imprimer le Dictionnaire de l'Académie Françoise ;

Et il s'agit de l'indemniser du tort que fait à lui seul une édition qui a été imprimée sans permission du Gouvernement, qui avoit le droit de la donner.

Mais si demain le Gouvernement veut donner à un autre la permission d'imprimer, il la donnera ;

Et votre Jugement ne sera pas un obstacle à sa volonté et à son droit, bien exprimés dans la lettre du Ministre de l'Intérieur. Vous vous ressouvenez de ces mots, *Nul autre n'a pu imprimer sans une autorisation.*

Ainsi, reposez-vous, Citoyens Magistrats, sur cette idée que votre Jugement ne fera que consacrer, pour Bossange, un droit actuel et momentané ; et qu'il n'anticipera pas sur l'avenir.

Et vous, hommes amis des Lettres, vous dépositaires fidèles du goût, vous, qui voyez avec raison la garantie des progrès de la Littérature, dans la pureté du langage, qu'il me soit permis de vous adresser quelques paroles :

« Ne vous alarmez pas sur les imperfections, et même sur les fautes de la cinquième édition du Dictionnaire de l'Académie Françoise. Comptez sur les principes libéraux des Chefs du Gouvernement, qui, avant de protéger les sciences et les arts, comme premiers

miers Magistrats du Peuple Français, les avoient cultivés et honorés, comme amis de la gloire littéraire.

Soyez sûrs que le héros qui, par le triomphe de ses armes, a ramené la paix, saura, par la paix, ramener le triomphe des Lettres et des Arts.

Sous sa main protectrice, ne voyez-vous pas déjà s'élever ces Maisons d'éducation, où de jeunes esprits reçoivent le germe des sciences?

Ne le voyez-vous pas encourager par sa munificence ceux qui se distinguent dans leur culture?

Ne va-t-il pas lui-même s'asseoir dans leur sanctuaire privilégié?

Et vous craindriez qu'il négligeât les moyens d'épurer une langue dans laquelle le peuple François a puisé tant de titres de gloire;

Une langue dans laquelle les Puissances étrangères viennent de signer les traités d'alliance, préparés par la bienfaisante politique du Pacificateur de l'Europe!

Non, vous ne pouvez avoir une pareille crainte. La raison et votre propre cœur désavoueroient l'inquiétude de l'esprit.

## DEUXIÈME PARTIE DE LA TROISIÈME QUESTION.

*BOSSANGE, MASSON et BESSON ont-ils tous les droits de SMITS?*

POUR compléter la discussion sur ce qui concerne Bossange, je n'ai plus qu'à examiner s'il est investi de tous les droits que le décret conféroit à Smits.

Parcourons la gradation des traités.
Maradan a cédé sa part à Smits.
Smits a cédé à Gosuin.
Gosuin à Bossange,

On n'a critiqué, ni le traité de Smits avec Maradan, ni celui de Gosuin avec Smits.
On a critiqué seulement le traité de Gosuin avec Bossange.

D

Qu'a-t-on dit ?

Que Bossange n'avoit acheté que des exemplaires, et qu'il avoit acquis avec des instrumens d'Imprimerie.

On a ajouté que la vente d'exemplaires, sans spécification droit de permission, ne transmettoit que la propriété des exemp res, et non pas les effets attachés à la permission.

On a dit enfin que des parties considérables d'exemplair avoient été vendues à d'autres avant le traité de Bossange, et qu'a les différens acquéreurs de ces parties auroient le même droit Bossange, pour les effets de la permission d'imprimer.

Voilà en substance les objections faites contre le droit perso de Bossange.

Sans nous jeter dans une discussion abstraite de droit, sur conséquences qui résulteroient de ventes partielles, faites à di rentes maisons, voyons ce que porte l'acte passé entre Gosui Bossange.

Le traité porte les mots : « *cinquième édition* ».

Ce n'est pas une masse indéterminée ; ce n'est pas un reste : C'est la *cinquième édition*.

La *cinquième édition*, sans qu'il s'agisse de distractions a rieures.

Pour détruire le texte de l'Acte, apporte-t-on la preuve de ve partielles, et de distractions antérieures ?

Non.

Reste donc le traité qui porte : « *cinquième édition* », et termes emportent avec eux l'idée de la masse.

Qu'avec cette masse on ait vendu, par le même traité, des tensiles d'Imprimerie, peu importe.

Ce qui est relatif aux presses, est étranger à l'édition.

Il faut observer que le sens des mots, « *cinquième édition* », fortifie par l'enchaînement successif des différens traités.

Dans le premier, on vend tous les droits résultans du décret.

Dans le second, on vend la *cinquième édition*, et on ajou *tirée à quinze mille exemplaires*.

Et enfin, dans le troisième, on vend la *cinquième édition*.

Il y a entre ces actes, au milieu desquels on ne vient pas en int poser d'étrangers, il y a, dis-je, entre ces actes, une corrélation non interrompue, qui détermine, d'une manière évidente, la masse entière de l'édition.

S'il est constant que la masse ait été vendue, il est naturel d'en induire que dans l'intention des parties, les droits dérivans de la faculté d'imprimer l'édition ont été cédés.

Cette conséquence est même de justice étroite.

Car, à qui la contrefaçon nuiroit-elle ?

Est-ce à celui qui a vendu tous les exemplaires, ou à celui qui, les ayant achetés, se trouvéroit entravé dans leur vente par la contrefaçon ?

Enfin, il est un point de fait qui lève tous les doutes.

Gosuin, dans une quittance, a déclaré qu'il avoit cédé tous les droits de son privilége.

Le mot *privilége* en droit est mal appliqué ;

Mais en fait, il est très-signifiant pour expliquer l'intention des parties.

On a dit que cette quittance, datée de l'an 8, étoit écrite sur un papier, dont le timbre appartenoit à l'an 10.

C'est une erreur de fait dans laquelle est tombé le Défenseur de Moutardier et Leclere.

La date de la quittance, et le timbre du papier, s'accordent pour l'époque.

Ainsi, il me paroît démontré, par le texte de son traité, et par l'enchaînement des traités antérieurs, que Bossange est investi de tous les droits que le décret conféroit à Smits et à Maradan.

## QUATRIÈME PARTIE.

Je m'arrête ici pour vous rappeler le résultat des trois propositions que j'ai établies.

1º. Le Gouvernement est propriétaire du Dictionnaire de l'Académie.

2º. Il y a délit de contrefaçon de la part de Moutardier et Leclere.

3º. C'est à Bossange qu'il est juste d'appliquer l'indemnité du délit.

Croiriez-vous devoir persister dans votre Jugement par défaut ? Une question de forme s'élève.

Dans l'état où se trouve la procédure, pourriez-vous prononcer la confiscation des exemplaires de l'édition de Moutardier et Leclere, au profit du Gouvernement ?

Ce qui fait naître des doutes sur cette question, c'est que la saisie a été faite sur la provocation de Bossange ; et l'on dit, s'il est sans qualité, ses poursuites tombent, et elles ne peuvent profiter au Gouvernement, qui, pour les intérêts pécunaires, doit faire valoir ses droits par l'Agent du Trésor public.

Ce sont ces difficultés que je vais tâcher d'éclaircir.

S'il s'agissoit d'une action civile, je conviens que le Gouvernement ne pourroit pas profiter de la saisie qui auroit été faite par un particulier sans qualité, et qu'il faudroit que le Gouvernement agît directement par l'Agent du Trésor public.

Et la nécessité de cette action réside sur le principe que le Gouvernement lui-même, pour les actions civiles, est soumis aux formalités légales.

Mais l'action en poursuite de contrefaçon n'est pas une action civile.

Long-tems la Jurisprudence a flotté ; et c'est vous qui, par l'influence de vos décisions constantes, avez fixé le Tribunal de Cassation lui-même.

Il est décidé irrévocablement que l'action en poursuite de contrefaçon, appartient à la Police correctionnelle.

Pourquoi l'a-t-on ainsi décidé ?
Parce qu'on a pensé que la contrefaçon étoit un délit.

Sur les délits, quel est le principe essentiel et absolu consacré par la loi du 3 brumaire ?
C'est que pour la poursuite des délits, il y a deux actions.
L'action publique et l'action privée.

L'action publique est l'action essentielle ;
L'action privée n'est qu'accessoire.

L'effet de l'action publique, c'est la peine ;
L'effet de l'action privée, ce sont les intérêts civils.

Dans un vol simple , qu'arrive-t-il par suite des principes que nous venons de poser ?

Sur la réquisition du Ministère public, le vol est déclaré constant , et la peine appliquée.

Arrive ensuite l'action privée pour les intérêts civils , et la restitution de l'objet volé est prononcée.

Dans le délit de contrefaçon , pourquoi y a-t-il plus d'embarras ?

C'est que la peine est identifiée avec l'intérêt civil.

C'est qu'il n'y a pas, pour la vindicte publique une peine séparée et particulière , comme l'amende, la prison , etc.

C'est que la confiscation est la réparation tout à la fois publique et privée du délit.

Mais cette confusion de la vindicte publique et de l'intérêt privé ne change rien au principe.

Pour que la partie privée arrive à la confiscation , ne faut-il pas que le délit soit constaté et déclaré ?

Pour que le délit soit déclaré , ne faut-il pas, par action essentielle , la présence du Ministère public ?

N'est-ce pas sur sa réquisition que le délit est déclaré ?

Si le délit est déclaré , il faut qu'il y ait une peine prononcée sur la provocation du Ministère public ; car dans toute bonne législation , il est impossible de supposer , de la part de la Justice, déclaration d'un délit , sans prononciation d'une peine.

Cette peine , pour le délit de contrefaçon , est la confiscation ; il faut qu'elle soit prononcée sur la provocation du Ministère public, comme toutes espèces de peines.

Si la partie privée qui se présente, justifie d'une qualité légale, elle profitera de la confiscation , puisque la loi dit que les exemplaires seront confisqués au profit de la partie privée.

Si par l'évènement sa qualité n'est pas reconnue , le délit n'en existera pas moins, et la confiscation n'en sera pas moins la peine.

Elle restera alors pour le Trésor public.

Je dois observer que les premières poursuites ont été faites sur l'autorisation du Préfet de police ; que la Police correctionnelle n'a été saisie que par le Ministère du Magistrat de sûreté, chargé de la poursuite des délits ; et qu'enfin , à l'audience , le Ministère public étoit *plaignant :* ce sont les termes mêmes du Jugement de première Instance.

La disposition de la loi qui adjuge trois mille fois la valeur de l'objet contrefait, fera-t-elle quelque difficulté ?

Je ne le pense pas.

Si vous repoussez Bossange, il faut admettre le Gouvernement comme propriétaire.

Si vous l'admettez, les trois mille exemplaires lui appartiennent.

Quand vous déclarez l'existence d'un vol, la restitution de l'effet volé est de droit. Vous la prononcez sur la réquisition du Ministère public, sans demande expresse de la partie privée.

Dans l'espèce du délit de contrefaçon, les trois mille exemplaires sont l'équivalent de la restitution d'un effet volé !

Je pense donc que si vous repoussiez Bossange, l'état de la procédure vous permettroit d'adjuger au Gouvernement, comme vous l'avez fait, par votre Jugement par défaut, la confiscation des exemplaires saisis ; et le paiement de la valeur de trois mille exemplaires de l'ouvrage contrefait, seroit une conséquence nécessaire de la propriété du Gouvernement.

---

# DISTINCTION POUR LAVAUX.

Le Cit. Lavaux doit-il être compris dans la condamnation requise contre Moutardier et Leclere ?

Non.

La loi ne désigne délit que l'impression d'une édition.

Qu'a fait Lavaux ? Il a composé et vendu un manuscrit.

Si Moutardier et Leclere l'ont imprimé, leur conduite est étrangère à Lavaux, qui n'étoit pas obligé de s'informer, s'ils avoient obtenu ou s'ils obtiendroient la permission de l'imprimer comme Dictionnaire de l'Académie.

Je m'applaudis de pouvoir concilier le vœu de la loi avec mon respect pour les Lettres ; et c'est pour moi une vraie jouissance, que d'écarter d'un procès désagréable un Auteur, qui n'a fait qu'exercer le droit sacré de disposer du fruit de ses veilles.

Toute la Cause est plaidée, Magistrats ;
Vous avez entendu toutes les Parties.
Vous avez entendu, par mon foible organe, le Gouvernement.
De quel côté vos opinions vont-elles se ranger ?

Permettez-moi de vous faire remarquer combien ce procès diffère de ceux que nous offrent les anciennes annales des combats judiciaires.

Souvent, et trop souvent, la Politique a mis un bandeau sur les yeux de la Justice.

Ici, au nom de la politique, j'ai taché de n'ouvrir que le livre de la loi et de la raison.

Le Gouvernement soutient une propriété. — Quelle est-elle ? Un monument de la Langue françoise.

Et il la réclame pour la Nation Françoise.

Autour de ce monument, quelques avantages pécuniaires viennent-ils se placer.

Digne de la Nation qu'il représente, le Gouvernement les repousse, et il les offre à celui qui a traité avec elle.

Ainsi, amour des Lettres, désintéressement et loyauté :
Voilà les titres dont il s'est entouré dans sa Cause.
La perdroit-il devant la Justice ?

A PARIS,

De l'Imprimerie de BOSSANGE, MASSON et BESSON.

1°. LECLERE et Moutardier ont soutenu que les *conditions* du traité *n'avoient point été remplies par Bossange;* et notamment qu'il n'y avoit *point eu d'exemplaires déposés au nombre* de cent dans les Bibliothèques publiques.

1°. VOICI ce qu'on lit dans la lettre du Ministre actuel de l'Intérieur du 9 prairial, à Bossange.

« Vous avez rempli envers le Gou-
» vernement les conditions auxquelles
» vous étiez autorisé à publier un Dic-
» tionnaire qui est sa Propriété ».

Ensuite, voici la lettre du 21 frimaire an 7, écrite par le précédent Ministre de l'Intérieur au Cit. Smits:

CITOYEN,

« Vous avez demandé un reçu si-
» gné de moi, pour cent exemplaires
» de la nouvelle édition du Diction-
» naire de l'Académie que vous avez
» remis dans la cinquième Division de
» mon Ministère. Je certifie qu'ils y
» ont été déposés, et à cet égard vous
» vous êtes conformé à la Loi du pre-
» mier jour complémentaire de l'an 3,
» qui vous imposoit cette obligation.

*Signé*, FRANÇOIS ( DE NEUF-CHATEAU ).

2°. Les Cit. Leclere et Moutardier, ont prétendu que la lettre du Ministre actuel de l'Intérieur, du 9 prairial, pourroit bien être une lettre de bureau, dont le Ministre n'eût point eu connoissance, et qui lui eût été surprise par un Cit. *Agasse*, qu'ils disent être l'un des premiers Commis dans les

2°. Non-seulement, ni *Masson*, ni Besson, ni Bossange, n'*ont pour beau-frère* le Cit. *Agasse;* mais ils n'ont pas *même l'avantage de le con-noître*, non plus qu'aucun autre Commis dans ces bureaux.

D'ailleurs, le Cit. Bossange, ayant eu l'honneur de voir le Ministre de l'Intérieur, après la réception de sa bureaux du Ministère, et qu'ils ont présenté comme étant *le beau-frère* du Cit. *Masson*, l'un des co-associés *Bossange*.

lettre, ce Ministre *l'autorisa formellement à en faire usage* et à la publier par la voie de l'impression. Nous invoquons ici le témoignage du Ministre lui-même.

Enfin, la lettre prouve qu'elle a été écrite sur le vu des pièces, et après *le renvoi* officiel *fait par les Consuls* de la République de la pétition de Bossange.

3°. Les Cit. Leclere et Moutardier, ont cru nécessaire à leur défense de plaider que le Gouvernement *ne vendoit, ni ne faisoit vendre aucun Ouvrage pour son compte.*

3°. Nous pouvons citer pour preuve du contraire, un très-grand nombre d'Ouvrages qui ont été vendus pour le compte du Gouvernement ; entr'autres: *Ordonnances des Rois de France,* 13 vol. *in-fol.* — *Sirmondi opera,* 5 v. *in-fol.* — Tous les *Saints Pères* imprimés par Rigaud. — *Académie des Sciences,* 150 vol. *in-4°.* — *Académie des Inscriptions et Belles-Lettres,* 46 v. *in-4°.* — *Biblia maxima,* 8 vol. *in-fol.* — *Collection des Conciles* du Père Hardouin, 12 vol. *in-fol.* — *Conciliorum collectio maxima,* 37 vol. *in-fol.* — *Botanique et Voyage* de Tournefort, 5 v. *in-4°.* — *Corpus historiæ Byzantinæ,* 32 vol. *in-fol.* — *Gallia Christiana,* 12 vol. *in-fol.* et une infinité d'autres.

Et s'il faut ajouter des preuves récentes, elles se présentent aussi en grand nombre. Nous citerons d'abord le *Voyage de Van Couver,* qui se vend actuellement chez nous pour le compte du Gouvernement. — La *Connoissance des Temps,* qui se vend chez le Cit. Duprat. — Les *Cartes du Dépôt de la Marine,* chez le Cit. Dezauche; — celles du *Dépôt de la Guerre.* — La *Notice des Manuscrits,* 6 vol. *in-4°.* — Le *Bulletin des Lois.* — Les *Cartes de Cassini.* — Le *Voyage de Néarque,* etc. etc. etc.

4°. Les Cit. Leclère et Moutardier ont avancé, que Bossange n'avoit pas acheté l'*édition toute entière*; mais qu'il n'en avoit acheté qu'un *reste*; parce qu'avant leur acquisition, Smits et Gosuin en avoient déjà *vendu un grand nombre d'exemplaires*.

4°. D'abord, l'acte de vente faite à Bossange, prouve que ce n'est pas *une partie* de l'édition, mais que c'est l'*édition toute entière* qu'il a réellement achetée.

De plus, voici la déclaration formelle de Smits, qui donne à Leclere et Moutardier le démenti.

« Je déclare que ni moi, ni le Citoyen Gosuin, mon ci-devant Associé, n'avons jamais vendu *à nul autre*, qu'aux Cit. Bossange, Masson et Besson, aucun exemplaire du Dictionnaire de l'Académie Françoise, cinquième édition, tant *in-folio* qu'in-4°. 2 vol.

Fait à Paris, le 15 frimaire an 11 de la République. *Signé*, SMITS, *Éditeur de la cinquième édition du Dictionnaire de l'Académie Françoise* ».

5°. Les Cit. Lecle.. et Moutardier, pour appuyer d'autant plus leur sytème d'une acquisition prétendue de *simples Exemplaires*, et non d'une édition avec tous les droits y attachés, ont eu l'audace de plaider que *la quittance* donnée à Bossange par Gosuin, son vendeur, et par laquelle celui-ci reconnoît avoir vendu non-seulement *l'édition*, mais encore avec elle le *privilége* (c'est-à-dire, le droit *exclusif*) résultant du decret du 2 complémentaire de l'an 3, étoit, suivant toutes les apparences, une quittance faite après coup, pour le besoin de la cause : et pour preuve, ils ont avancé comme un fait constant,

5°. Bossange a représenté au Tribunal une *minute de quittance semblable*, tirée de l'étude même du Notaire où la sienne a été donnée; le *timbre* est le MÊME : et il suffisoit d'ailleurs de le regarder pour voir que c'est le timbre de l'an 8, et non de l'*an 10*.

Ensuite il a été tenu pour constant devant les premiers Juges, que la quittance représentée par Bossange, avoit été *écrite en l'an* 8, *le même jour du contrat*, dans l'étude du Cit. *Mathieu*, Notaire, en présence de son collègue *Dubos*, en présence du Cit. *Valton*, Avoué; et de la main même *du Clerc de Notaire*.

Comment, d'après de telles preuves, les Cit. Leclere et Moutardier, ont-ils osé sur l'appel, reproduire, avec plus que cette quittance soit-disant donnée en l'an 8, étoit faite *sur un timbre de l'an x* : ce qui étoit accuser, en d'autres termes, Bossange d'être un faussaire.

de violence encore, la même calomnie ?

6°. Les Citoyens Leclere et Moutardier, s'imaginant apparemment qu'une récrimination calomnieuse pourroit les justifier, ont répété sans cesse, dans leur plaidoyer, que leurs adversaires avoient été plusieurs fois *condamnés comme contrefacteurs.*

6°. Jamais les Cit. Bossange, Masson et Besson, n'ont eu d'autre procès de ce genre, que leurs procès avec la veuve Louvet ( *Faublas* ), et les mineurs d'Assas, ( *Pharmacie de Beaumé* ). Plus de trente témoins, appelés à leur charge par les adversaires, ont déposé qu'ils n'avoient aucune connoissance que Bossange, Masson et Besson aient contrefait ni débité ces deux ouvrages. Voici quels sont les propres termes du Jugement même qui a été rendu contre eux dans cette affaire.

» Attendu que les Cit. Bossange, » Masson et Besson, ne sont, ni par » le procès-verbal du 4 germinal der- » nier, ni par l'instruction, reconnus » *contrefacteurs,* etc. »

# CONCLUSIONS MOTIVÉES

POUR les Citoyens BOSSANGE, MASSON et
BESSON.

CONTRE les Citoyens MOUTARDIER et LECLERE.

---

LES Cit. Bossange, Masson et Besson, concluent :

A ce qu'il plaise au Tribunal,

1°. En ce qui concerne *la question du droit de propriété* :

Attendu, que par le décret du 2 complémentaire de l'an 3, la
Puissance publique *a concédé* à Smits et Maradan *l'entreprise de
l'impression* du Dictionnaire de l'Académie Françoise ; et qu'elle
leur *a remis*, en conséquence, *l'exemplaire* chargé des *notes marginales et interlinéaires* de l'Académie, dont elle s'étoit emparée après
la suppression de ce Corps littéraire ;

Attendu, que cette concession a été faite aux *conditions onéreuses*,

1°. D'employer des Gens-de-Lettres, *du choix des Concessionnaires*, pour achever le travail nécessaire à l'impression ;

2°. De tirer l'édition au nombre *de quinze mille exemplaires* ;

3°. D'en déposer cent exemplaires dans les bibliothèques publiques ;

4°. De rembourser, s'il y avoit lieu, les frais de copie qui pourroient avoir été déjà faits par le Comité d'Instruction publique de
la Convention nationale, pour cette *même entreprise* ;

5°. De donner à ce Comité *une garantie* de l'exécution du traité.

A

Attendu, que toutes ces conditions ont été remplies, ainsi que le Gouvernement le reconnoît dans la lettre du Ministre de l'Iutérieur, du 9 prairial an 10.

Attendu, qu'une *entreprise* de cette espèce, est une *propriété* qui ne peut *appartenir qu'à ceux* à qui elle a été *concédée ;* et que la concession qui en a été faite *est nécessairement exclusive par sa nature,* comme la concession de toute autre sorte de *propriété quelconque ;* .

Attendu, que, sans cette *exclusion,* la concession eût été *dérisoire ;* puisqu'il est ridicule de supposer la nécessité d'un acte du Corps Législatif, pour *concéder à un seul,* une entreprise qui eût *appartenu à tous ;*

Attendu, que ce droit exclusif, non-seulement dérive ainsi de *l'essence même des choses,* mais qu'il est encore inséparable des *conditions du traité,* par trois raisons principales :

1°. Parce que l'effet inévitable de la *concurrence* eût été d'empêcher les Entrepreneurs de l'édition, de *se couvrir des avances et des frais considérables* qu'une telle entreprise exigeoit ;

2°. Parce que l'obligation de rembourser, s'il y avoit lieu, les frais qui pourroient avoir été faits au Comité pour *ce même objet,* ainsi que de payer le travail des *Gens de-Lettres,* qui seroient *choisis* et employés par les Concessionnaires, supposoit nécessairement que les Entrepreneurs, *lors actuels,* auroient *seuls,* à l'exclusion de tout autre, un droit à l'entreprise ;

3°. Parce que la Puissance publique, qui doit être essentiellement juste, en exigeant des Entrepreneurs, dans un traité de cette nature, où toutes *les obligations sont réciproques, une garantie* de l'exécution de l'entreprise, leur en a, par cela seul, *garanti* de son côté la jouissance exclusive ;

Attendu qu'il étoit inutile, d'après cela, d'exprimer dans le décret ni un *privilége* en faveur des Concessionnaires, ni une *défense* à tous autres de s'emparer de l'entreprise ; puisqu'encore une fois il ne s'agissoit point ici de *privilége,* mais d'un *droit de propriété ;* que, dès-lors, la concession de ce droit entraînoit après elle, par la seule force des choses, et *l'exclusion* en faveur des *Concessionnaires,* et la *prohibition* à tous ceux qui ne l'étoient pas ;

Attendu, que le Ministre de l'Intérieur, dans sa lettre du 8 prairial an 10, a expressément reconnu ce *droit exclusif* de *propriété sur l'édition*, en ces propres termes :

« La lettre par laquelle vous demandez, Citoyens, que le Gou-
» vernement s'oppose à la publication d'une édition du *Diction-*
» *naire de l'Académie*, annoncée par les Citoyens Moutardier et
» Leclere, m'a été transmise par les Consuls.

» D'après la lecture des pièces que vous avez jointes à votre lettre
» en réclamation, il me paroît incontestable que les Libraires qui
» ont entrepris une nouvelle Édition du *Dictionnaire de l'Acadé-*
» *mie*, portent une atteinte réelle à vos Droits sur cet ouvrage.
» Vous avez rempli envers le Gouvernement, les conditions aux-
» quelles vous étiez autorisés à publier un Dictionnaire qui est sa
» propriété. Aucun autre n'a dû, sans une autorisation émanée du
» même Pouvoir, en entreprendre une nouvelle Édition, quand
» même cette Édition offriroit des additions ou des changemens.

» Mais c'est devant les Tribunaux que je vous invite à porter,
» en ce moment, vos réclamations ».

Attendu, que le Ministre de l'Intérieur est le Ministre chargé par le décret du 2 complémentaire de l'an 3, *de son exécution*; qu'il n'a écrit cette lettre que sur le *renvoi officiel* qui lui avoit été fait par les Consuls, de la pétition des Cit. Bossange, Masson et Besson ; que la reconnoissance que cette lettre contient, ( incapable, sans doute, d'influencer la conscience des Juges sur la *question de contrefaçon*,) est du moins sur la *propriété*, une reconnoissance de la Puissance publique elle-même qui l'a concédée ; et que, par conséquent, il ne peut y avoir de doute sur la nature et l'étendue du droit qui fait l'objet de la concession ;

Attendu, que ce droit exclusif de propriété sur l'édition, ainsi *constant* par la nature des choses et par le décret du 2 complémentaire de l'an 3, et ainsi *reconnu* par la Puissance publique, a été depuis *confirmé* par la lettre du Cit. Lakanal, qui fut dans le tems le Rapporteur même du décret du 2 complémentaire de l'an 3, et par laquelle cet ex - Législateur, non-content de reconnoître qu'alors la Convention nationale voulut céder aux Entrepreneurs un droit exclusif sur l'édition, va jusques à soutenir, que l'*intention formelle* du Comité, dont il fut l'organe, et de la Commission exécutive d'Instruction qui avoit pris l'initiative dans cette affaire ; fut de leur donner la *propriété de l'exemplaire* ; ce qui peut se concevoir aisément quand on songe que l'édition faite, le manuscrit d'un tel ouvrage devenoit peu utile ; mais ce dont assurément les Cit. Bossange, Masson et Besson sont incapables d'abuser, puisqu'ils ont constamment offert de remettre entre les mains du Gouvernement l'exemplaire qu'ils regardent comme une propriété nationale, et qu'il ne faut pas confondre avec l'édition ;

Attendu, enfin, que ce droit exclusif de propriété sur l'entreprise de l'édition, est parvenu, par diverses transmissions légales, dans les mains des Cit. Bossange et Associés : ainsi que cela est prouvé, soit par la remise qui leur a été faite et du manuscrit de l'Académie, et du décret du 2 complémentaire, et de l'acte de vente antérieur, faite à Smits par Maradan, et des exemplaires de l'édition, (remise qui eût été sans objet, s'ils n'avoient pas acheté avec l'édition les droits qui en étoient inséparables) ; soit par la quittance de Gosuin leur vendeur ; soit par la lettre de celui-ci à Leclere et Moutardier, et par lesquelles Gosuin reconnoît avoir *cédé* à Bossange, non-seulement l'édition, mais encore tous les droits exclusifs y attachés, tels que Smits et Maradan les avoient reçus de la Convention nationale ;

Attendu, que d'après des *titres* aussi formels, des *preuves* aussi fortes, et des *reconnoissances* aussi positives de la *propriété* des Citoyens Bossange, Masson et Besson, il seroit superflu de suivre leurs adversaires dans l'examen des questions auxquelles ils se sont livrés :

« C'est-à-dire, les questions de savoir : s'il est vrai que la Con-
» vention nationale *n'ait pu, ni voulu,* sans déroger à ses prin-
» cipes et à l'abolition des *priviléges,* accorder le *droit exclusif*
» d'impression sur l'édition dont il s'agit;

» S'il est vrai que l'Académie Françoise n'ait été que LE MANDA-
» TAIRE de la nation, *dans la confection de son Dictionnaire,* sans
» avoir jamais eu aucun droit de *propriété réelle* sur cet ouvrage.

» S'il est vrai qu'après elle la nation ne lui ait pas *succédé,*
» comme un héritier *succède* à son Auteur, suivant la maxime de
» Droit : *Le mort saisit le vif.*

» Enfin, s'il est vrai que la manière dont la nation exerce son
» droit de propriété sur les œuvres littéraires des sciences et des arts,
» c'est-à-dire, la *libre jouissance* qu'elle en accorde à chacun de

» nous, et dans les bibliothèques nationales, et dans les muséum,
» et dans les lycées, ne peut pas s'accorder avec le *droit exclu-*
» *sif* dont il s'agit » ;

Attendu, que toutes ces questions et autres semblables, les seules que les Citoyens Leclere et Moutardier aient présentées au Tribunal, comme importantes, seroient tout au plus, sous le point de *vue administratif*, des questions bonnes à traiter dans une Assemblée, ou dans un Conseil chargés de faire une *loi générale* sur la propriété littéraire ; mais que, sous le *rapport judiciaire*, elles sont des questions nécessairement oiseuses, à l'examen desquelles un Tribunal ne sauroit se livrer *dans une cause particulière*, où il s'agit de savoir, *en point de fait*, s'il existe ou non une *concession de propriété sur un ouvrage déterminé* ;

Attendu, néanmoins et par surabondance, qu'un mot suffit pour établir que ces questions sont encore plus *spécieuses*, qu'elles ne sont *étrangères* à la Cause ;

Qu'en effet les Cit. Lavaux, Leclere et Moutardier n'osent ici mettre en question le *pouvoir* et la *volonté* de la Convention natisnale, que par une confusion des *priviléges* avec *le droit exclusif de la propriété* ;

Que c'est encore par un abus de mots insoutenable, qu'ils prétendent que l'*Académie Françoise* n'a jamais eu ni pu avoir un droit de propriété sur son Dictionnaire ; parce que, *en principe*, sa propriété ne consistoit, comme toute espèce de *propriété littéraire*, que dans le *droit exclusif qu'elle avoit de faire imprimer* et de publier son Ouvrage ; et que, *dans le fait*, il a été démontré, dans la Cause, par une foule d'exemples, que, dans tous les tems, elle avoit joui de cette propriété dans toute sa plénitude, bien qu'elle n'en eût jamais retiré aucun lucre pécuniaire, mais qu'elle se fût contentée de la gloire qui lui en revenoit : cette espèce de jouissance étant la seule qui pût lui convenir ;

Que c'est aussi une erreur grossière, et de droit et de fait, contraire aux élémens, comme au texte précis de notre Législation, de soutenir qu'il y ait de la différence entre la successibilité de la nation aux corporations supprimées, et celle d'un héritier ordinaire à son Auteur ;

Enfin, que c'est toujours une *équivoque*, de conclure contre le *droit exclusif* dont il s'agit au procès, *de la libre jouissance* des propriétés littéraires nationales ; parce que la concession de cette *libre jouissance*, ne dérivant elle-même que du *droit de propriété* de la *nation*, ne sauroit détruire le *droit exclusif* qu'il a plu à ses Représentans d'accorder *sur une édition* de son Dictionnaire ;

Attendu, qu'en écartant de la Cause toutes ces discussions surabondantes, il ne reste plus que la *concession exclusive* d'une entreprise, *reconnue telle* par la Puissance publique elle-même dont elle émane ; que par conséquent ceux en faveur desquels cette concession a eu lieu *à des conditions onéreuses*, en ayant seuls couru les *hasards* et supporté les *charges*, doivent seuls en recueillir les *avantages* ;

D'où il suit, en dernière analyse, que nul autre à leur place, n'a pu, au défaut de la *même concession*, faire la *même entreprise*, sans nuire à leur propriété.

### 2°. *En ce qui concerne la question de la contrefaçon :*

Attendu qu'il est constant, entre les Parties, qu'aux termes de la loi de 1793, la contrefaçon d'un livre est *sa réimpression, sans la permission* de l'Auteur ou de tout autre à ses droits ;

Attendu, qu'il est avoué par les Citoyens Leclere et Moutardier qu'ils n'ont eu, ni du Gouvernement, ni de personne *la permission* de réimprimer le Dictionnaire dont il s'agit ;

Attendu, qu'il est encore bien constant, dans la Cause, que c'est réellement *le Dictionnaire de l'Académie Françoise, avec les notes marginales et interlinéaires de l'Académie*, que les Cit. Leclere et Moutardier ont réimprimé, sans aucune autorisation, sous le titre même de *Dictionnaire de l'Académie Françoise.*

Attendu, que ce *titre seul* suffiroit pour constituer dans la Cause particulière le délit de *contrefaçon :* parce qu'il n'y a, ni ne peut y avoir qu'un seul *Dictionnaire de l'Académie Françoise* ; qu'indépendamment du mérite intrinsèque de l'ouvrage, c'est principalement ce titre de *Dictionnaire de l'Académie Françoise*, qui lui donne au moins dans l'opinion et dans le commerce une valeur réelle ; que Leclere et Moutardier n'ont pu donner ce titre à un livre qui n'étoit point l'*ouvrage de l'Académie*, sans se rendre coupable d'usurpation et sans tromper le public ;

Attendu, d'ailleurs, qu'indépendamment du *titre* de Diction-naire de l'Académie Françoise qu'ils ont mis en tête de leur édi-tion, ils ont encore imprimé, de leur aveu même, l'édition de 1762; mais avec les *notes marginales* et *interlinéaires* dont cet exem-plaire avoit été chargé depuis par l'Académie Françoise;

Attendu, que cet exemplaire de 1762, chargé de notes margi-nales et interlinéaires de l'Académie, et réimprimé par Leclere et Moutardier, sous le titre de *Dictionnaire de l'Académie Fran-çoise*, est précisément l'ouvrage même qui fait l'objet de la con-cession portée au décret du 2 complémentaire en faveur de Bos-sange :

Attendu, que les *additions* que Leclere et Moutardier ont pu faire à l'ouvrage ainsi *contrefait* dans son titre et dans son texte, n'empêchent pas la contrefaçon, mais qu'elles ne font seulement que la *déguiser* sans la *détruire*, à-peu-près comme un change-ment à la chose volée n'empêche pas le vol;

Attendu, qu'il ne faut pas confondre la propriété du Gouverne-ment, celle de l'*exemplaire manuscrit*, avec la propriété des Édi-teurs, celle de l'*édition*, ainsi que de tous les droits y attachés; que ce n'est pas l'*exemplaire manuscrit*, mais l'*édition* qui a été contrefaite; que la *contrefaçon de cette édition* apporte nécessai-rement un préjudice immense *aux Éditeurs*; que ce préjudice, *en droit*, est, aux termes de la loi de 1793, prouvé par le seul fait de la contrefaçon; que ce préjudice est d'ailleurs incontestable, *dans le fait*, la vente de l'édition de *Leclere* n'ayant pu avoir lieu qu'au détriment de celle de *Bossange*; que ce préjudice est avoué par Leclere et Moutardier eux-mêmes, qui se vantent dans leurs divers écrits, d'avoir *fait tomber l'édition de Bossange à 9 livres de 30 francs qu'elle se vendoit avant la leur :* qu'enfin, ce préjudice est reconnu de même par le Gouvernement dans la lettre officielle du Ministre de l'Intérieur, par laquelle ce Ministre, se rendant en cela le digne organe d'une Autorité tutélaire, qui, sans aucune considération d'*intérêt*, ne veut que la *justice*, déclare que Bos-sange, seul, a souffert de la contrefaçon.

D'où il résulte, que lui seul à le droit de s'en plaindre et de ré-clamer en sa faveur l'application de la loi de 1793.

Adjuger, conformément à cette loi, aux Cit. Bossange, Masson et Besson, leurs précédentes conclusions, et condamner Leclere et Moutardier en tous les dépens.

BOSSANGE, MASSON et BESSON.

CHAUVEAU-LAGARDE, *Défenseur.*

VALTON, *Avoué.*

www.ingramcontent.com/pod-product-compliance
Lightning Source LLC
Chambersburg PA
CBHW061649060726
47597CB00005B/2091